J. A. DIAS LOPES

MASSA!

MANGIA CHE TI FA FELICE

RECEITAS E HISTÓRIAS DAS MAIS DELICIOSAS MASSAS ITALIANAS, COM SEUS MOLHOS MARAVILHOSOS.

RECEITAS PREPARADAS PELO CHEF MARCO RENZETTI

MELHORAMENTOS

Dados Internacionais de Catalogação na Publicação (CIP)
(Câmara Brasileira do Livro, SP, Brasil)

Lopes, J. A. Dias
Massa! mangia che ti fa felice / J. A. Dias Lopes. – São Paulo : Editora Melhoramentos, 2016.

ISBN 978-85-06-08040-5

1. Culinária (Receitas) 2. Culinária italiana 3. Gastronomia I. Título.

16-05271 CDD-641.5945

Índice para catálogo sistemático:
1. Culinária italiana 641.5945

Obra conforme o Acordo Ortográfico da Língua Portuguesa

Projeto gráfico e diagramação: **Ken Tanaka**
Preparação dos pratos: **Chef Marco Renzetti**
Produção de receitas: **Andréa González**
Fotografias: **Reinaldo Mandacaru**
Produção de fotografias: **Thais Mandacaru**
Crianças fotografadas: **Natália Dias Lopes Bronzatto** (capa),
Antônio Dias Lopes Hardt (4ª capa),
Maria Dias Lopes Bronzatto (pág. 4)

1ª edição, 2ª impressão, dezembro de 2016

ISBN: 978-85-06-08040-5

Atendimento ao consumidor:
Caixa Postal 11541 – CEP 05049-970 – São Paulo – SP – Brasil
Tel.: (11) 3874-0880
sac@melhoramentos.com.br
www.editoramelhoramentos.com.br

Impresso no Brasil

Para meus netos, Antônio, Natália e Maria, que adoram comer massa
e deram a este avô a prova definitiva de que a vida continua.

ANTIPASTO

Certamente alguns leitores perguntarão qual a razão de este livro, sendo brasileiro, não ter o subtítulo em português. A resposta é simples. Primeiro, porque contém legítimas receitas italianas; segundo, porque é sonoro e estimulante. Mangia che ti fa felice! Comer nos faz feliz, nos dá prazer. Além disso, deriva de Mangia che ti fa bene, a mais emblemática bandeira da gastronomia italiana.

Outra possível indagação poderá ser qual foi o critério usado para selecionar as receitas. Resposta: o gosto pessoal do autor, um apaixonado pela massa italiana. Obviamente, alguns pratos clássicos ficaram de fora. Mas os melhores, sempre na opinião do autor, com seus verdadeiros molhos, estão aqui.

Buon appetito!

J. A. Dias Lopes

SUMÁRIO

OS ANCESTRAIS DA MASSA

WIKIMEDIA COMMONS/RENATO GANOZA

Uma preciosa descoberta arqueológica, revelada em outubro de 2005 pela revista inglesa *Nature*, decifrou um dos enigmas mais controvertidos da história da gastronomia. Quem inventou o spaghetti, o formato mais clássico de massa? Chineses, árabes e italianos reivindicavam havia tempos a paternidade. A *Nature* desempatou: foram os chineses. Pesquisadores do Instituto de Geologia e Geofísica da Academia de Ciências de Pequim avalizaram essa primazia com um trabalho que tem força de um teste de DNA. Eles encontraram nas ruínas de Lajia, próximo ao Rio Amarelo, na China, um recipiente soterrado por várias camadas de argila que continha um fio cilíndrico de massa com aproximadamente 50 centímetros de comprimento feito 4 mil anos atrás.

Preparado com farinha de milhete (planta herbácea de origem asiática, de uso muito antigo), tinha calibre grosso e se encontrava em bom estado de conservação. Até então, segundo o professor Houyuan Lu, chefe da equipe de pesquisadores, "o mais antigo registro sobre a massa era um texto chinês do tempo da dinastia Han Oriental, portanto escrito entre os anos 25 e 220 d.C.". Os chineses acreditam que a sua civilização teve início justamente em torno de Lajia. No fim do Neolítico, período no qual o homem já apresentava grande desenvolvimento cultural, a povoação foi destruída por um terremoto seguido de inundação, em fenômeno semelhante ao que aconteceria no sul da Itália com a cidade de Pompeia, arrasada em 79 d.C. pela lava do Vesúvio. Muitos habitantes não conseguiram escapar.

Prato de macarrão da província de Henan, na China: qualquer semelhança com os italianos não é mera coincidência.

Os pesquisadores explicaram que, além de ser elaborado à mão, o spaghetti de Lajia foi colocado para secar e assim adquirir a necessária consistência. Graças a isso se conservou por tanto tempo. Hoje, obtém-se o mesmo resultado submetendo a massa a uma temperatura de 40 °C a 80 °C durante 6 a 28 horas. Antes da publicação da notícia, acreditava-se que o spaghetti seco era uma invenção dos árabes, pois, na Idade Média, eles o consumiam assim – e não fresco – porque suportava melhor as travessias do deserto. Chamavam-no de itrjia.

As informações da *Nature* ignoram a teoria de que o alimento chegou à Itália no fim do século XIII, na bagagem do veneziano Marco Polo. O maior viajante do passado teria desembarcado com o spaghetti, que conheceu na Ásia. Ele voltou de uma expedição a diversos países do Extremo Oriente, sobretudo à China, realizada entre 1271 e 1295, que durou 24 anos. Ali, Marco Polo encantou-se com a versatilidade e o sabor do macarrão chinês. Mencionou-o na obra *Il Milione*, também conhecida como *O Livro de Marco Polo* ou *O Livro das Maravilhas*, que ditou ao amigo literato Rustichello da Pisa quando estavam na prisão. No livro, descreveu outras saborosas comidas, inebriantes perfumes e deslumbrantes joias. Falou do uso do papel-moeda e do gás na iluminação, além da exuberância de cidades repletas de pontes de pedra.

Na verdade, Marco Polo não introduziu o spaghetti na Itália simplesmente porque a massa já existia naquele país antes de sua viagem. Em Bérgamo, na Lombardia, um museu conserva documento no qual um médico promete devolver a saúde ao paciente, em 1244, se ele não comesse "nem de couve, nem de massa". Em 1279, na pequena cidade de Pontedassio, Ligúria, um certo Ponzio Bastione deixou em testamento à família uma bacia de maccherone (nome que hoje designa, na Itália, uma massa longa, geralmente com um furo no centro, de variado comprimento e espessura; no Brasil, é sinônimo de massa).

Depois do achado de Lajia, coube aos árabes o papel de propagadores da novidade. Eles teriam levado o spaghetti para a Sicília no século IX, quando ocuparam a maior ilha do Mediterrâneo. Fizeram o mesmo com outras matérias-primas de origem chinesa, incluindo o arroz. Acredita-se que os habitantes da pequena localidade de Trabia, província de Palermo, capital da Sicília, tenham sido os primeiros a misturar farinha e água para fazer um alimento em forma de fios, ascendente do atual spaghetti. Não por acaso, a grande ilha se tornou, durante muito tempo, o epicentro da produção e exportação de massa seca na Itália.

A situação permaneceu inalterada até o século XVIII, quando Nápoles lhe roubou o primado. Na Itália, o spaghetti foi aprimorado, incorporou técnicas de elaboração e um ingrediente nobre: a farinha de grano (trigo) duro, única que permite prepará-lo como se deve. Cozinhando alguns minutos em água com sal, não empapa nem se rompe. Além do mais, seus fios podem ser saboreados convenientemente al dente, ou seja, quando ainda oferecem ligeira resistência à mordida.

O spaghetti – palavra derivada do italiano *spago*, que significa barbante – é a massa seca mais popular no mundo. Conforme o diâmetro, também pode se chamar spaghettoni (aumentativo) ou spaghettini (diminutivo). Outras massas semelhantes: capellini, vermicelli e vermicelloni. Mas nenhum formato, como o spaghetti, incorpora tão bem o molho. Ele adere a seus fios longos e finos, em apetitosa simbiose, e o enriquece deliciosamente.

Harmoniza-se particularmente com molhos de pouca densidade, à base de tomate, limão, manjericão, alho e óleo, cebola, abobrinha, pimentão, ervilha, alcachofra, cogumelo, presunto, bacon, ragù etc. Peixes e frutos do mar o convertem em prato supremo. Camarão, lagosta, anchova, lula e atum são ingredientes primorosos. Alguns ajoelham para o molho de vôngole (amêijoas pequenas). Esse molusco, capturado nas águas arenosas do litoral, é uma joia na cozinha. Quando preparado com vinho branco, alho, salsa picada, azeite, sal e pimenta, o molho de vôngole transforma o spaghetti em uma obra-prima da culinária do sul da Itália.

Os italianos se tornaram os maiores produtores e consumidores mundiais não apenas de spaghetti, mas de massas em geral. É seu alimento favorito, ao lado da pizza. Deveria ser estampado na bandeira nacional. Cada italiano come em média 30 quilos de massa por ano, contra 5,7 quilos dos brasileiros.

Mangia che ti fa felice!

MARCO POLO
E O MACARRÃO

Muitos europeus viajaram pelo mundo durante a Idade Média. Foram os exploradores que mais se aventuraram naquele longo período histórico, entre 395, ano da divisão do Império Romano, e a queda de Constantinopla, em 1453. Mas nem todos deixaram relatos sobre suas aventuras. Isso explica por que Marco Polo (1254-1324), explorador e mercador veneziano, descendente da nobreza da Dalmácia, na atual Croácia, tornou-se famoso através dos séculos. Ele foi um dos poucos a descrever os próprios feitos.

No livro *Il Milione*, Marco Polo estimulou a imaginação de gerações inteiras e encorajou navegadores como Cristóvão Colombo, que o leu antes de descobrir a América. Redigido originariamente em franco-veneziano, o livro relata a viagem de Marco Polo ao Extremo Oriente entre 1271 e 1295, acompanhado do pai, Niccolò, e do tio Matteo.

Na expedição de ida, o trio atravessou os planaltos da Anatólia e do Irã, o norte do Afeganistão, o Pamir e o Turquestão chinês (Xinjiang ou Tibete), para alcançar Pequim, onde exerceu grande influência; na volta, percorreu a Indochina, a Indonésia, o Ceilão e a costa da Índia. O livro menciona todos esses lugares e inclusive alguns não visitados por Marco Polo, como o arquipélago do Japão, chamado de Cipango, as costas da Arábia, a Etiópia e o litoral africano até Zanzibar.

O célebre explorador e mercador zarpou de Veneza aos 17 anos para uma viagem através de mares tranquilos ou hostis, montanhas abruptas, planícies sem fim ou desertos inóspitos, regiões de sol abrasador ou temperaturas enregelantes, terras

Mosaico de Marco Polo, no Palazzo Tursi em Gênova, Itália.

virgens ou cultivadas. Ao regressar à terra natal 24 anos depois, lutou ao lado dos compatriotas na guerra contra a República de Gênova, da qual caiu prisioneiro. No cárcere, ditou ao colega de cela Rustichello da Pisa seu livro memorável.

Marco Polo fez a primeira referência europeia aos campos petrolíferos do Cáspio, descrevendo "um líquido semelhante ao azeite, porém que não serve para comer, mas para queimar e ungir homens e animais". Disse que o mar da região "produz grande quantidade de peixes, sobretudo esturjões, salmões e muitos outros".

Afirmou que em torno da cidade de Baudac (hoje Bagdá) "há grandes bosques de palmeiras onde se produzem as melhores tâmaras do mundo". Encantou-se com o pistache, o gergelim ("um grão parecido com o linho do qual fazem azeite"), o painço, o ruibarbo (planta originária do Tibete, utilizada no preparo de doces) e o iogurte, que conheceu entre os tártaros (grupo étnico relacionado aos turcos e aos mongóis) e afirmou ser "leite desidratado, sólido como uma pasta seca".

Marco Polo voltou a Veneza com riquezas, tecidos e especiarias maravilhosas. Inicialmente, suas histórias foram vistas como exageradas. Depois de confirmadas algumas delas, atribuíram-lhe contribuições notáveis. Disseram que ele trouxe da China informações sobre a pólvora, a bússola, a máquina impressora, o sorvete e, sobretudo, o macarrão ou a pasta seca, do qual foi considerado por muito tempo o introdutor na Itália. A última história, sim, mostrou-se comprovadamente fantasiosa.

Em torno do ano 1000, portanto dois séculos e meio antes da viagem de Marco Polo, o livro *De Arte Coquinaria per Vermicelli e Maccaroni Siciliani*, escrito por Martino da Como, cozinheiro do patriarca de Aquileia, no noroeste italiano, publicou a primeira receita conhecida de macarrão. No século XII já funcionava, nas vizinhanças de Palermo, uma indústria de massa, na época chamada de itrjia (palavra derivada do árabe itriyah, pão cortado em tiras). *Em Il Sollazzo per Chi si Diletta di Girare il Mondo*, de 1154, o geógrafo de origem árabe Al-Idrisi, que vivia na Sicília, fala de Trabia, cuja população fazia e exportava macarrão.

Essas informações levavam à crença de que, em vez de ter sido trazida por Marco Polo, a pasta seca desembarcou na Itália pelo sul, por obra dos árabes, quando ocuparam a Sicília, no século IX. Eles precisaram desidratar essa pasta para carregá-la nas longas travessias pelo deserto e viagens ao exterior, garantindo uma alimentação saborosa e nutritiva. Conheceram o macarrão na Mesopotâmia, que, por sua vez, o recebeu por caminhos tortuosos da China. Em 2005, como já falamos, fechou-se o cerco: pesquisadores da Academia de Ciências de Pequim encontraram na China um recipiente com fios de massa cilíndricos feitos 4 mil anos atrás.

Conclusão: até que se prove o contrário, os chineses são os pais do macarrão. Mas os italianos não se entregam. Eles renunciam à hipótese de Marco Polo e minimizam as contribuições dos árabes e chineses. A tendência de seus pesquisadores é considerar que, como o pão e outras joias da culinária mundial, a massa seria um alimento de criação espontânea e coletiva, surgida ao mesmo tempo entre diferentes povos, como resultado da descoberta dos cereais, de seu cultivo e destino alimentar. Curiosamente, podem estar certos.

O SPAGHETTI
NO CINEMA

FRANCO FEDELI/REPORTERS ASSOCIATI & ARCHIVI/
MONDADORI PORTFOLIO/GETTY IMAGES

Numa época em que as pessoas demonstravam mais pudor, a imprensa reproduziu assim a frase de Sophia Loren: "Devo tudo o que sou ao spaghetti". Na verdade, a bela atriz italiana, nascida em 1934, tinha sido mais explícita. "Tutto cio che vedete, lo devo agli spaghetti", disse ela. Tradução livre: "Tudo o que você vê [no meu corpo] devo ao spaghetti". Escultural, segura, voluntariosa e talentosa, Sophia encarna a exuberância da mulher latina e sempre teve uma relação sensual com a comida de Nápoles, a cidade onde passou a infância e adolescência e de cuja cozinha o spaghetti é porta-bandeira.

Sophia já escreveu dois livros de culinária. O primeiro, *In Cucina con Amore* (*Na Cozinha com Amor*. Rio de Janeiro: Edições Bloch, 1971), foi lançado na Itália em 1971. Entre as várias receitas, há nove de spaghetti. O segundo, *Sophia Loren's Recipesand Memories* (*Receitas e Recordações de Sophia Loren*), é de 1998 e foi lançado em inglês. Reúne cinco versões de spaghetti. No país natal da atriz, batizaram a tradução de *Ricette e Ricordi* (*Receitas e Recordações*). Virou best-seller, e a crítica Natalia Aspesi, do jornal romano *La Reppublica*, considerou-o "uma autobiografia culinária".

Em *In Cucina con Amore* existem algumas receitas com origem declarada. A de spaghetti com louro, por exemplo, a autora saboreou na casa de um amigo logo após receber o Oscar de 1961 pelo filme *La Ciociara* (*Duas Mulheres*), dirigido por Vittorio De Sica. "Em vez de me oferecer uma coroa de louros, ele disse que preferia me fazer experimentar o sabor do molho", conta Sophia.

Sophia Loren, em 1953: "Tudo o que você vê [no meu corpo] devo ao spaghetti".

Outra receita marcante na vida da atriz é o spaghetti alle vongole, que igualmente pode ser feito com tagliarini. O molho leva o pequeno molusco, alho e tomate pelado.

REPRODUÇÃO

Ela aprendeu a fazer o prato com a nonna Luisa, cozinheira de mão cheia. "Minha avó era um gênio do fogão, mesmo sendo pobre e trabalhando com ingredientes simples", recorda-se. Em vários filmes, Sophia prepara ou come prazerosamente spaghetti. Uma foto famosa mostra a atriz erguendo os fios longos da massa antes de levá-los à boca. Foi tirada no início da carreira, no intervalo de uma filmagem, e é vendida até hoje nas lojas italianas de souvenirs, em calendários e pôsteres para turistas.

Em um dos capítulos do livro *In Cucina con Amore*, Sophia revela que o ator italiano Marcello Mastroianni (1924-1996), seu colega de vários filmes, era "alucinado" por feijão com cotica (a pele do porco, no caso, a do presunto cru). "Esse prato agia sobre ele como flauta sobre a serpente", afirmou a atriz. Marcello nunca escondeu a preferência e dizia vir da infância. Já em Arpino, na região do Lazio, os folhetos turísticos promovem o prato Sagne (massa à base de farinha, água e sal, cortada em forma de folha de oliveira) e Fagioli con i ruschi (aspargos selvagens), afirmando que era "o favorito de Marcello". Entretanto, seus amigos lembram que ele não resistia a um spaghetti.

Na comédia *Padri e Figli*, de 1957, dirigida por Mario Monicelli, há um momento exemplar. O ator aparece meditativo, com um cigarro entre os dedos, diante de um prato de spaghetti e uma garrafa de vinho Chianti. A cena virou folha de calendário e pôster para turistas.

O italiano Arturo Guatelli, que por muito tempo foi correspondente em Paris do *Corriere Della Sera*, de Milão, testemunhou a devoção do ator à culinária da terra de origem quando se encontrava na França. "Não se deixava seduzir pelos molhos franceses nem pelo cardápio sofisticado dos grandes restaurantes", escreveu o jornalista em 1996, após a morte de Marcello. "Suas preferências eram todas pelos alimentos genuínos da Itália." Empenhava-se em mantê-los autênticos.

Marcello Mastroiani na comédia *Padri e Figli*, de 1957: seus amigos lembram que ele não resistia a um spaghetti.

A abertura do primeiro McDonald's de Roma, na Piazza di Spagna, em 1986, causou protestos. Os italianos achavam que "o estilo de comer à americana", de mastigar um hambúrguer no balcão, em uma cadeira giratória, ou sair de uma lanchonete da rede mundial de fast-food para mastigá-lo na rua, ameaçava o ritual civilizado da mesa. Marcello se incorporou a uma das manifestações saboreando, diante do McDonald's, um "provocante" spaghetti.

Outro ator a defender a massa às últimas consequências foi o romano Aldo Fabrizi (1905-1990), que viveu o heroico sacerdote Don Pietro no filme *Roma, Città Aperta* (*Roma, Cidade Aberta*, 1945), drama de guerra dirigido por Roberto Rossellini. Na tela, o religioso foi executado pelos nazistas diante das crianças de sua paróquia. Na vida real, Aldo lutou até os últimos dias ao lado da irmã, a chef Elena Fabrizi (1915-1993), apelidada de Sora Lella. Razão da luta: defender a paternidade romana da receita de spaghetti ou bucatini (massa de fios longos furados no meio) "alla matriciana", como eles pretendiam que o prato se chamasse, e não "all'amatriciana", segundo muitos livros. A autoria da receita ainda hoje é reivindicada por Amatrice, pequena localidade da região do Lazio, a 144 quilômetros de Roma.

Enfim, até Carlito (como o chamavam no Brasil), Carlitos ou Charlot, o adorável *clown* e poeta encarnado no cinema pelo ator e diretor inglês Charles Spencer Chaplin (1889-1978), amava spaghetti. Em *The Gold Rush* (*Em Busca do Ouro*, 1925) há uma cena impagável da comédia, na qual, tentando a sorte como garimpeiro e sem ter o que comer, ele tira a botina do pé, enfia na panela e a leva ao fogo. Era para matar a sua fome e a do colega de cabana, o grandalhão e truculento Big Jim McKay, representado pelo ator Mack Swain. Na mesa, Carlito divide a botina em porções.

A parte alta do pé e o tornozelo ficam para Big Jim. A sola repleta de pregos cabe a Carlito. Compete-lhe ainda o cadarço, que o cozinheiro de araque dispõe em um pratinho auxiliar. Na delirante imaginação do querido *clown*, o cadarço converte-se em apetitoso spaghetti, que ele enrola para levar à boca.

Acontece que Carlito e todos os protagonistas de *The Gold Rush* comiam massa de verdade nos intervalos da gravação. Para alimentar centenas de extras, havia uma cozinha de campanha no local das filmagens, que foram realizadas nas geleiras de Truckee, na Sierra Nevada, e em Hollywood, em Los Angeles. O cozinheiro, um italiano, preparava um prato único, batizado de spaghetti à moda das montanhas. O molho levava manteiga, cebola picada, tomate pelado, ovos batidos, orégano, pimenta-do-reino moída, sal e, na finalização, queijo ralado. "Ficava uma delícia", garantiram depois os atores. O nome do prato homenageava as cordilheiras que serviam de cenário. Alimentava tanto os falsos garimpeiros como os devoradores de botinas de mentira.

A crítica italiana Tina Marasca observou que vários atores, diretores e produtores do seu país retratam o alimento segundo a sua tradição culinária. A sétima arte – termo estabelecido pelo barese Ricciotto Canudo para designar o cinema no *Manifesto das Sete Artes e Estética da Sétima Arte* do início de 1900 – utiliza-o para acentuar a realidade, a vida cotidiana, a condição social das pessoas, sejam ricas ou pobres. O alimento confere identidade à região, cidade ou família, relaciona-se com poder, sexo etc. Isso ocorreu, sobretudo, no neorrealismo italiano, movimento intelectual surgido no fim da Segunda Guerra Mundial cujas expressões cinematográficas foram Roberto Rossellini, Vittorio De Sica e Luchino Visconti. O que o spaghetti tem a ver com a história? Foi a massa mais visível nas telas dessa geração de ouro.

RECEITAS E SUAS HISTÓRIAS

SPAGHETTI AL SUGO

As pesquisas mostram que o molho favorito dos italianos é o de tomate, chamado por eles de sugo di pomodoro. Trata-se de um fato significativo, pois sua cozinha é riquíssima e polivalente. Mudando apenas o molho, a massa e a pizza se transformam em vários pratos enriquecedores do Iluminismo culinário italiano.

Não se sabe onde o molho de tomate foi inventado, mas é indiscutível que obteve a consagração definitiva em Nápoles, a partir do século XVIII. Em livros, sua primeira associação direta com a massa e a pizza, na Península Itálica, apareceu em 1779, no *Il Cuoco Maceratese*, do cozinheiro Antonio Nebbia, provavelmente nascido na região de Marche.

Originário do Peru e do México, o tomate (*Lycopersicum esculentum*) foi levado para a Espanha no século XVI. Com fama de venenoso, usaram-no inicialmente como planta ornamental. Dali se espalhou pela Europa e alcançou a Itália, onde o batizaram de pomo d'oro ou pomodoro (maçã de ouro). Em Nápoles, virou devoção comparável à que os partenopei, em português partenopeus, dedicam a San Gennaro (os napolitanos são chamados assim porque a sua cidade teria sido fundada pela sereia Parthenope).

Ali o tomate começou a ser industrializado, ou seja, transformado em subproduto destinado a garantir a sua conservação e o abastecimento na entressafra. Surgiram o concentrato (extrato), a passata e a polpa di pomodoro, o pomodoro pelato e a salsa in scatola (molho em lata e caixinha).

O tomate, originário do continente americano, foi levado para a Europa no século XVI.

Calcula-se que o consumo de tomate pelos napolitanos seja de 55 kg *per capita* ao ano, contra os 50 kg da população italiana. Eles o usam amplamente. Pellegrino Artusi,

que colecionou receitas de todas as regiões da Itália para a obra-prima *La Scienza in Cucina e L'arte di Mangiar Bene*, de 1891, contou uma história bem-humorada.

O padre de uma pequena cidade da Emília-Romanha tinha a mania de bisbilhotar os fiéis. "Era, na verdade, uma pessoa honesta, e este seu cuidado nascia mais da vontade de fazer o bem do que o mal e, por isso, as pessoas o deixavam se intrometer na vida delas", disse Artusi. Recebeu por isso o apelido de Don Pomodoro (Dom Tomate). Da mesma forma que o fruto homônimo, o padre xereta "entrava em tudo". O livro de Artusi traz a primeira versão moderna de salsa di pomodoro.

A atriz Sophia Loren, que, como já dito, sempre teve relação sensual com a comida de Nápoles, coloca em seus livros o molho de tomate em diferentes receitas da massa de fio longo, com 1,20 a 2,05 milímetros de diâmetro (com toda essa precisão!), que ajudou a transformá-lo em sinônimo de italianidade.

Mas continuam as dúvidas sobre a origem da salsa di pomodoro. Massimo Alberini, na *Storia Della Cucina Italiana* (Edizioni Piemme, Milano, 1992), acredita que as primeiras experiências com a receita atual tenham sido feitas na Espanha. Dali, junto com o tomate, o molho foi parar na Itália. O tronco dos Bourbons (Borbón, em castelhano; Borbone, em italiano), que reinou em Nápoles e na Sicília entre 1734 (quando Carlos Borbón tomou Nápoles) e 1861 (unificação da Itália), saiu da Espanha. Bons de mesa, seus reis e príncipes fizeram a ponte gastronômica entre as duas nações. Pode ter sido Francisco II, seu último soberano, deposto por Giuseppe Garibaldi, quem introduziu na corte um prato dos pobres de Nápoles, até então desprezado pelos ricos: o spaghetti al pomodoro.

Litografia de Francisco II, rei de Nápoles, século XIX.

WIKIMEDIA COMMONS

SPAGHETTI AL SUGO

RENDE 4 PORÇÕES

INGREDIENTES

- 320 g de spaghetti de grano duro n. 5
- 20 ml de azeite extravirgem de oliva
- 1 talo de aipo
- 1/2 cebola roxa pequena
- 1/2 cenoura
- 500 g de polpa de tomate sem pele (pode ser tomate-perinha fresco sem sementes e sem pele ou pelado, ou ainda polpa de tomate italiana em conserva)
- 6 folhas de manjericão em tirinhas
- Sal a gosto
- Sal grosso (para a água da massa)
- Folhas de manjericão (para a decoração)

PREPARO

1. Em uma panela, junte o azeite com o talo de aipo, a metade de uma cebola roxa pequena e a metade de uma cenoura cortada em quatro partes iguais. Leve ao fogo médio e refogue por 5 minutos. Acrescente os tomates e cozinhe por mais 10 minutos, agora em fogo baixo.

2. Descarte o aipo, a cebola e a cenoura. Tempere levemente com sal e reserve o molho por 10 minutos, na panela, até esfriar. Acrescente as tirinhas de manjericão e deixe-o descansar por mais 30 minutos, para o manjericão exalar seu aroma.

3. Leve uma panela com água ao fogo, calculando 2 litros para cada 100 g de massa e 10 g de sal grosso para cada litro de água. Assim que ferver, coloque sal. Junte a massa e cozinhe-a al dente por 12 minutos.

4. Escorra, misture a massa com o molho e finalize no fogo por 1 minuto. Decore com folhas inteiras de manjericão e sirva em seguida.

LASAGNE CON RAGÙ ALLA BOLOGNESE

O ragù bolognese (ragó, em dialeto) ou alla bolognese é um molho típico da região italiana da Emília-Romanha, que tem a cidade de Bolonha como capital. Leva carne moída, picada ou desfiada, e bastante tomate. Em outras regiões italianas, com variações na receita, recebe os nomes de sardo, barese, piemontese, lucano (ala potentina), abruzzese, calabrese etc. Seu maior rival, porém, é o ragù napoletano, do qual trataremos no próximo capítulo, que cozinha, horas a fio, combinando e apurando, tomate e carne, servida separadamente.

Por extensão, hoje também se fala em ragù di seppie (lulas), di gamberi (camarões) ou di vongole (mariscos). Harmonizam-se com gnocchi de batata, por exemplo. Existe até um ragù de soja, para regozijo dos vegetarianos. Entretanto, segundo a *Grande Enciclopedia Illustrata Della Gastronomia* (seleção da *Reader's Digest*, Milão, 2000), as últimas variantes são "definições de fantasia".

Ragù, palavra de origem francesa, vem de *ragôut*, substantivo derivado de *ragoûter*, "acordar o apetite". Na França, onde existe pelo menos desde o século XVII, continua a ser uma preparação à base de pedaços de carne (ave, caça, peixe) ou legumes, cozidos em líquido, diversamente condimentados, servidos com guarnição aromática e também empregados no recheio do vol-au-vent, do pastel e da empada. Na Itália, o ragù acompanha principalmente a massa. Como sempre leva tomate, sua família deve ter surgido ali no século XVIII, quando o fruto americano começou a se popularizar no país.

Geralmente se coloca o ragù bolognese sobre tagliatelle all'uovo (tagliatelle con ragù alla bolognese ou tagliatelle alla bolognese), pappardelle, rigatoni ou fusilli. Também vai divinamente bem na montagem da lasagna com béchamel e na polenta. Em muitos países, sobretudo do norte da Europa e da América do Sul, incluindo o Brasil, prepara-se spaghetti alla bolognese. Os italianos consideram essa combinação uma heresia. O spaghetti, massa de grano duro, não pertence à cozinha da Emília-Romanha, mas à da Campanha, onde se localiza Nápoles. O povo emiliano sempre preferiu massa all'uovo.

Para garantir o respeito à tradição gastronômica do ragù bolognese, a Accademia Italiana Della Cucina depositou sua receita oficial na Camera di Commercio Industria Artigianato e Agricoltura di Bologna, em 1982. Ficou estabelecido que os ingredientes da sua receita ortodoxa são carne bovina, de preferência cartella (fraldão com o capote da barriga), pancetta (barriga de porco curada), cenoura, aipo, cebola, passata (suco espesso) de tomate ou tomate pelado, vinho branco, leite integral, azeite de oliva ou manteiga, sal, pimenta e creme de leite fresco (opcional).

Na Itália, a maioria dos cozinheiros segue essas recomendações. Os desrespeitos acontecem mais por preocupações com a saúde. Para diminuir a gordura do ragù bolognese, muitos trocam a cartella por um corte de carne mais magra, o que também abrevia o tempo de cozimento, e substituem a pancetta, igualmente gorda, por uma linguiça magra. O ragù bolognese continua delicioso. Mas, se for observada ao pé da letra a receita da Accademia Italiana Della Cucina, obviamente fica mais saboroso.

LASAGNE CON RAGÙ ALLA BOLOGNESE

RENDE 4 PORÇÕES

INGREDIENTES

RAGÙ

- 60 g de cebola roxa
- 50 g de aipo
- 50 g de cenoura
- 20 ml de azeite extravirgem de oliva
- 500 g de pancetta fresca picada finamente
- 500 g de coxão duro bovino moído ou picado na faca finamente
- 150 ml de vinho branco
- 250 g de passata de tomate
- 500 ml de água em ponto de fervura
- 50 ml de leite fresco
- Sal a gosto

BÉCHAMEL

- 100 g de manteiga sem sal
- 80 g de farinha de trigo
- 1 litro de leite fresco
- 1 pitada de sal
- 1 pitada de noz-moscada e de pimenta-do-reino moídas na hora

FINALIZAÇÃO DO PRATO

- 21 folhas de lasagne all'uovo
- 250 g de queijo parmesão ralado

PREPARO

RAGÙ

1. Pique finamente a cebola, o aipo, a cenoura e, numa panela, refogue tudo com o azeite, por vários minutos até os legumes dourarem, sem ressecar. Acrescente a pancetta picada e a carne moída ou picada e deixe cozinhar, mexendo com uma colher de pau para não grudar no fundo da panela.

2. Quando a carne ficar uniforme e o líquido do cozimento completamente reduzido, incorpore o vinho branco, com o fogo no máximo, e deixe o álcool evaporar.

3. Acrescente então a passata à água em ponto de fervura e cozinhe por 2 horas com a panela destampada, em fogo baixíssimo, acrescentando mais água quente se necessário. No final, o molho não deve ter nenhum excesso de líquido.

4. Tempere com sal, acrescente o leite fresco e deixe descansar por 2 horas antes de utilizar.

BÉCHAMEL

5. Em uma panela, junte a manteiga com a farinha de trigo e uma pitada de sal.
Em outra panela, coloque o leite e leve ao fogo. Quando a panela com o leite estiver prestes a ferver, coloque a panela com a manteiga, o sal e a farinha em fogo brando, mexendo com uma colher de pau por 2 a 3 minutos, sem deixar que a farinha mude de cor. Despeje o leite fervendo na panela com o composto de farinha, sal e manteiga (roux) e leve tudo ao fogo baixo, sempre mexendo, até ferver novamente.

6. O molho béchamel deve ser mexido enérgica e constantemente com um fouet, de preferência de silicone, para não raspar o metal da panela. Aromatize com uma pitada de noz-moscada e de pimenta-do-reino. Deixe esfriar e reserve.

FINALIZAÇÃO DO PRATO

7. No fundo de uma assadeira de 20 cm x 30 cm, espalhe uma camada fina de béchamel, coloque por cima a primeira camada de massa, em seguida faça uma camada de ragù, polvilhe com queijo ralado e disponha uma outra camada fina de béchamel. Continue alternando as camadas de massa, ragù, queijo ralado e béchamel por cerca de seis vezes.

8. Finalize com uma camada de ragù, polvilhe generosamente o queijo ralado e leve ao forno preaquecido a 200 °C por 25 minutos aproximadamente. Corte a lasagne já fria, em temperatura ambiente. Se quiser, poderá reaquecê-la no forno por 5 minutos antes de servir.

PACCHERI AL RAGÙ NAPOLETANO

Nas primeiras cenas do filme *Sabato, Domenica e Lunedi* (*Sábado, Domingo e Segunda*), de 1990, da diretora italiana Lina Wertmüller, a personagem Rosa Priore, uma dona de casa vivida pela atriz também italiana Sophia Loren, envolve-se em tremenda confusão no açougue. Discute com outras mulheres sobre a melhor maneira de preparar o ragù napoletano ou ragù alla napoletana, um molho clássico de massa do sul da Itália. O bate-boca esquenta e acaba em pancadaria. Era sábado e Rosa/Sophia tinha ido comprar os ingredientes para começar a fazer o ragù na véspera, como manda a regra. No almoço familiar de domingo, dia habitual de saboreá-lo, a refeição foi assinalada por outra briga.

Seu marido, o comerciante de tecidos Peppino Priore, vivido pelo ator italiano Luca de Filippo, acusa Rosa/Sophia, diante de todos, de traí-lo com o vizinho. Não tinha provas concretas, mas o ciúme o tira do sério. Esbraveja e ameaça a mulher. Ofendida, Rosa/Sophia sofre ligeiro desmaio, e o marido se arrepende da agressão. Na segunda-feira, já com a cabeça fria, os Priores refletem sobre o incidente e concluem que o verdadeiro motivo da briga havia sido o amor ainda vivo entre o casal.

A *Grande Enciclopedia Illustrata Della Gastronomia* informa que ragù designa "preparações bastante diversas entre si, mas apresentando em comum o uso da carne cozida em molho destinado a temperar a massa". A receita napolitana, que para alguns é a melhor, harmoniza as carnes bovina e suína. É transmitida de mãe para filha e dividida apenas com a família e amigos muito próximos. Vai bem sobre massas curtas, como rigatoni e paccheri. O aroma da preparação atravessa as janelas e invade as calçadas

Sophia Loren em *Sabato, Domenica e Lunedi*, de 1990.

REPRODUÇÃO

de Nápoles nas manhãs de domingo. A cidade fica perfumada pelo seu inebriante e delicioso ragù. Esses napolitanos são demais!

Segundo o escritor e jornalista italiano Guiseppe Marotta (1902-1963), autor do livro *L'Oro di Napoli* (*O Ouro de Nápoles*), de 1947, filmado por Vittorio De Sica em 1954, o suave vapor vindo "das panelas de terracota que alouram a cebola [...] fazem o recém-colhido raminho de manjericão emanar suas nobres essências". O resultado é espetacular, para dizer o mínimo.

A *Grande Enciclopedia Illustrata Della Gastronomia* diz que existem fundamentalmente dois tipos de ragù. Um é o napoletano, que em português grafamos napolitano, e resulta do cozimento, horas a fio, de carne (servida à parte, vira braciole) com tomate e ingredientes coadjuvantes. O outro ragù, do qual também já falamos neste livro, chama-se bolognese e leva carne moída, picada ou desfiada, misturada com tomate. Combina bem com fettuccine ou pappardelle.

A preparação do ragù napoletano requer prática, habilidade, paciência e uma colher de pau para mexer constantemente o molho em fogo baixo e não deixar pegar no fundo. Hoje, muitos napolitanos abreviaram o tempo de cozimento. Começa ao raiar de domingo e dura de quatro a seis horas. "Deve pipiare (pipiar, ferver, borbulhar) todo esse tempo para adquirir a consistência e o sabor que o tornaram sublime", dizem os aficionados.

A alma do ragù napoletano é o tomate, que, como já dissemos, enfrentou resistências iniciais e foi julgado venenoso. Eliminada a suspeita, enriqueceu diferentes atrações da cozinha napolitana. Em nenhum lugar do mundo foi adotado com tanto entusiasmo. Alcançou o esplendor no molho de tomate comum e, sobretudo, quando combinado à massa. O gastrônomo e compositor Gioachino Rossini (1792-1868), autor da ópera-cômica *Il Barbieri di Siviglia* (*O Barbeiro de Sevilha*), aplaudiu a harmonização.

"Para que os macarrões resultem apetitosos, precisa-se de uma boa massa, ótima manteiga, bastante molho de tomate, excelente parmesão e uma pessoa inteligente que saiba cozinhar, embelezar e servir", sentenciou ele. A fim de conservar melhor o fruto perecível do tomateiro, os napolitanos o transformaram pioneiramente em conserva, usando tecnologia desenvolvida em casa. É difícil entender como conseguiram sobreviver antes de plantá-lo e, consequentemente, de inventar seu monumental ragù.

Retirada a carne da preparação, sobra um molho escuro, mágico, espetacular. Merece dos napolitanos uma devoção quase religiosa, comparável à que dedicam à pizza e ao padroeiro San Gennaro – aquele cujo sangue se liquefaz milagrosamente, diante dos fiéis extasiados, todo o dia 19 de setembro.

Eles até exageram um pouco... Garantem que o aroma do ragù chega até o subsolo e contam uma história para justificar essa convicção. Em um domingo de 2009, durante as obras de desobstrução e restauração do Túnel Borbônico de Nápoles – ligação subterrânea que vai da Piazza del Plebiscito à Piazza Della Vittoria, passando debaixo do Monte Echia, e talvez servisse de via de fuga ao mar para os soberanos locais –, os trabalhadores encontraram um caminho secreto seguindo o aroma do ragù preparado em uma casa vizinha. Se non é vero, é ben trovato!

PACCHERI AL RAGÙ NAPOLETANO

RENDE 6 PORÇÕES

INGREDIENTES

- 320 g de paccheri de grano duro
- 1,5 kg de acém bovino em uma só peça
- 100 g de presunto cru em fatias (com a gordura)
- 100 g de pancetta em fatias finas
- 1 kg de copa lombo suína
- 2 dentes de alho picados
- 1 maço de salsinha picada
- 100 g de queijo pecorino ralado
- 50 g de uvas-passas sem semente
- 50 g de pinoli
- 50 g de lardo
- 700 g de cebola roxa
- 100 g de banha suína
- 50 ml de azeite extravirgem de oliva
- 3 costelinhas suínas
- 300 ml de vinho tinto seco
- 2,5 kg de polpa de tomate (ou tomates pelados)
- Queijo pecorino para polvilhar (opcional)
- Sal e pimenta-do-reino moída na hora a gosto
- Sal grosso (para a água da massa)

PREPARO

1. Envolva o acém com as fatias de presunto e metade da pancetta. Tempere com sal e pimenta-do-reino e amarre com barbante, como um assado.

2. Corte a copa lombo em fatias de 1 cm e recheie com o alho, a salsinha, o queijo pecorino ralado, as uvas-passas e os pinoli. Enrole as fatias sobre o recheio e feche usando palitos de madeira.

3. Em uma tábua de corte, disponha o lardo, o restante da pancetta e a cebola. Pique-os bem e passe tudo, junto com a banha suína e o azeite, para uma panela grande de barro, ferro fundido ou pedra-sabão. Leve ao fogo brando até os ingredientes começarem a fritar.

4. Coloque na panela as carnes e as costelinhas suínas. Refogue por 30 minutos, virando-as frequentemente para selarem, evitando assim a perda de sucos. Para esta operação, evite deixar a panela destampada.

5. Quando a cebola estiver bem dourada, retire a tampa da panela, continue virando as carnes com frequência e molhe com o vinho tinto em quatro tempos, esperando sempre a evaporação antes da próxima adição de vinho.

6. Essa primeira fase pode demorar cerca de 2,5 horas. Antes desse tempo, retire e reserve as costelinhas, que cozinham muito mais rápido e podem ressecar. Acrescente a polpa de tomate e cozinhe por mais 2 a 3 horas, sem a tampa e acrescentando água quente, se necessário, para que o ragù não queime em contato com a panela.

7. Retire as carnes e reserve-as. Se for preciso, continue cozinhando o ragù até ficar bem concentrado e brilhante.

8. Para a massa, leve uma panela com água ao fogo, calculando 2 litros de água para cada 100 g de massa e 10 g de sal grosso para cada litro de água. Quando ferver, adicione sal, junte a massa, escorra-a al dente e misture-a com o ragù. Polvilhe um pouco de queijo pecorino (opcional) e sirva imediatamente.

9. Sirva as carnes, junto com as costelinhas, como segundo prato, molhadas com um pouco do ragù.

SPAGHETTI ALLA PUTTANESCA

Obrigatório nos restaurantes que em meados do século passado funcionavam nos bordéis da Campanha, região de Nápoles, o spaghetti, ou vermicelli alla puttanesca, se espalhou pelo mundo como um dos pratos fortes da cozinha italiana – e no duplo sentido. No início, enfrentou resistências por causa do nome e foi considerado grosseiro. Depois, virou divertido. Hoje, sua difusão se deve à denominação irreverente, ao aroma e ao sabor picantes do molho e à veemente combinação de alho, peperoncino (pimentãozinho ou pimenta picante do gênero *Capsicum L.*), alcaparra, azeitona preta e anchova.

É receita de origem controversa. Uma das versões sustenta que nasceu no populoso e colorido Quartieri Spagnoli, ou Bairro Espanhol, uma das áreas mais fotografadas de Nápoles, com prédios malcuidados e varais de roupas nas janelas dos prédios. A dona de um bordel teria criado o molho para atrair, com o cheiro inebriante, seus principais clientes: os marinheiros dos navios atracados na região. Outros atribuem a invenção ao dono de um lupanar do mesmo Quartieri Spagnoli. Ele teria se inspirado nas roupas berrantes das mulheres sob sua batuta: o branco viria do alho, o vermelho do peperoncino e do tomate, o gris esverdeado das alcaparras e anchovas, o violeta-escuro das azeitonas, o verde da salsinha. No livro *Naples at Table: Cooking in Campania* (Nova York: Harper Collins, 1998), o americano Arthur Schwartz apresenta essa explicação e a que vem a seguir.

A criação da receita também é atribuída à prostituta Yvette la Francese, nascida na Provença, que atuava em um bordel de Nápoles. Nesse caso, o spaghetti, ou vermicelli alla puttanesca, teria influência da cozinha do sudeste da França. "Yvette, provavelmente, não era dotada só de fantasia, mas também de senso de humor [...], que aproveitou para celebrar, através do nome deste prato, a profissão mais antiga do mundo", diz Schwartz. Enfim, outros sustentam que o molho foi inventado por uma mulher infiel. Ela traía o marido à tarde, na zona boêmia de Nápoles. Como chegava

A receita do prato teria sido criada em um bordel de Nápoles.

REPRODUÇÃO/CASAS-RODRÍGUEZ COLLECTION

atrasada em casa para fazer o jantar, desenvolveu um prato rápido e de fácil preparo, que saboreava com o marido, "para reacender à noite a libido aplacada de dia".

Recentemente espalhou-se uma nova versão sobre o nascimento do molho. Quem a levantou foi Annarita Cuomo, em reportagem publicada no jornal *Il Golfo*, de Ischia (a maior ilha da baía de Nápoles), no dia 17 de fevereiro de 2005. "Descobrimos como, onde e quando o alla puttanesca surgiu", escreveu ela. O pai do molho seria o arquiteto e cozinheiro amador Sandro Petti. Ele o teria inventado no início dos anos 1950, na sua casa de veraneio, em Ischia. Petti costumava preparar almoços ou jantares aos amigos. "Uma noite, apareceu-me um grupo de amigos famintos", contou ele a Annarita. "Eu os recebi informando ser impossível fazer qualquer coisa, pois dispunha de poucos ingredientes na despensa." O grupo insistiu e pediu a Petti que fizesse uma puttanata (putaria) qualsiasi (qualquer). "Então, improvisei um spaghetti com um molho à base do que havia na cozinha: quatro tomatinhos, duas azeitonas pretas e algumas alcaparras. O grupo adorou."

Segundo Annarita, o prato começou a ser reproduzido nos restaurantes de Ischia – e não de Nápoles. A seguir, foi adotado entusiasticamente pelos bordéis do Quartieri Spagnoli. Como as pessoas "de bem" acharam chulo denominá-lo spaghetti alla puttanata, virou alla puttanesca, aparentemente mais "carino" (gracioso). A popularização do prato criou problemas entre Petti e a Igreja Católica. D. Ernesto De Laurentiis, bispo de Ischia na década de 1950, chamou o arquiteto cozinheiro para uma conversa e reclamou: "O nome do prato que ajudaste a escrever nos cardápios dos restaurantes não é digno de ti".

Jeanne Carola Francesconi, no livro *La Cucina Napoletana* (Roma: Newton & Compton Editori, 2007), aceita as circunstâncias da invenção da receita descritas por Annarita, mas faz uma ressalva: acredita que o verdadeiro autor foi o pintor Eduardo Maria Collucci, tio de Petti. Além disso, coloca o molho sobre outra massa: vermicelli. A diferença, porém, é sutil. A *Grande Enciclopedia Illustrata Della Gastronomia* não faz distinção entre as duas massas. Assim, ao receber o molho, ambas têm direito a usar o nome irreverente.

Quartieri Spagnoli, em Nápoles: inspiração provável para o colorido do prato.

WIKIMEDIA COMMONS

SPAGHETTI ALLA PUTTANESCA

RENDE 4 PORÇÕES

INGREDIENTES

- 320 g de spaghetti de grano duro n. 5
- 20 ml de azeite extravirgem de oliva
- 1 dente de alho com a pele
- 8 filezinhos de alici
- 500 g de tomates pelados
- 100 g de azeitonas pretas sem caroço
- 30 g de alcaparras dessalgadas
- Salsinha fresca picada ou queijo pecorino ralado (opcional)
- Sal grosso (para a água da massa)
- Tiras de alici (para a decoração)

PREPARO

1. Em uma frigideira, refogue o azeite com o dente de alho e o alici até os filezinhos desmancharem por completo. Retire o alho, acrescente os tomates, as azeitonas e deixe cozinhar por 7 minutos, em fogo médio. Desligue e acrescente as alcaparras.

2. Deixe o molho descansar durante 2 horas antes de usá-lo, para que absorva o perfume e o sabor dos ingredientes. Não é necessário temperá-lo com sal.

3. Leve ao fogo uma panela com água (a proporção ideal é 2 litros de água para cada 100 g de massa e 10 g de sal grosso para cada litro de água). Assim que a água ferver, coloque o sal e em seguida a massa. Deixe cozinhar por 12 minutos, escorra-a e misture-a com o molho.

4. Se gostar, polvilhe a massa com salsinha fresca ou, se preferir, com queijo pecorino. Decore com tiras de alici e sirva imediatamente.

SPAGHETTI ALLA NORMA

Apesar de ter vivido apenas 34 anos, o compositor siciliano Vincenzo Bellini (1801-1835) ficou conhecido pela extraordinária produção artística, pelo tempo devotado às mulheres e por haver inspirado um famoso molho de macarrão. Deixou várias óperas, sendo *Norma*, em dois atos, a sua obra-prima. Logo no primeiro ato é apresentada a ária "Casta Diva", que já teve como intérprete a soprano Maria Callas, a maior cantora lírica de todos os tempos. Bellini foi tão importante para a música da época quanto os contemporâneos Gioacchino Rossini, Frédéric Chopin e Franz Liszt. Colecionou amantes. A mais famosa seria Giuditta Cantú Turina, mulher casada.

Pelo seu comportamento machista, as feministas do século XX apedrejaram-lhe a memória. Bellini achava normal uma mulher trair o marido com ele, mas rompia com ela caso se relacionasse com um terceiro homem.

Na gastronomia, inspirou a perfumada e colorida receita de spaghetti alla norma. O nome veio da ópera homônima, que conta a história de uma druidesa, espécie de sacerdotisa encarregada das tarefas de aconselhamento, ensino, questões jurídicas e filosóficas na sociedade celta. Chamava-se Norma (soprano). Desrespeitando o voto de castidade, Norma mantém um romance secreto com o procônsul romano Pollione (tenor). O relacionamento termina em tragédia. Norma confessa publicamente o amor proibido e a condenam à morte. É executada junto com Pollione.

O molho alla norma combina alho, tomate pelado, manjericão fresco, ricotta salgada e curada, feita com leite de cabra, sal, pimenta-do-reino e berinjela frita. Vai no spaghetti de calibre grosso e também em penne rigate, rigatoni, tortiglioni e cavateddi (massa em formato de tubinhos, abertos no meio). Alguns autores acreditam que o cozinheiro de um restaurante de Catânia, na Sicília, onde Bellini nasceu, inventou esse molho para animar o compositor após um insucesso de público.

Vincenzo Bellini em nota antiga de 5 mil liras: conhecido pela extraordinária produção artística e por inspirar um molho de macarrão.

NQUEMILA
LI A VISTA AL PORTATORE
IL GOVERNATORE
IL CASSIERE
V. BELLINI
NCA D'ITALIA
MA 746904 A

REPRODUÇÃO

Os ingredientes do molho evocariam o vulcão Etna, cujas erupções arrasaram a cidade várias vezes no passado: o molho de tomate seria a lava, a ricotta representaria a neve do cume e a berinjela, as encostas. Hoje se afirma que a versão é fantasiosa. A mais aceita também se passa em Catânia, cuja população orgulhosa do conterrâneo genial chamava de Norma tudo o que fosse bonito e excelso. "Sembra (parece) una Norma", diziam.

Em fins de 1920, Angelo Musco, ator catanês de cinema e teatro, convidou colegas para jantar na casa em que morava com a irmã. Apareceram Nino Martoglio, Pippo Marchese e Peppino Fazio, entre outros. Quando a cozinheira colocou na mesa um prato de spaghetti com molho de alho, tomate, manjericão, ricotta salgada e berinjela frita, todos suspiraram de felicidade. A declaração mais significativa partiu de Martoglio, diretor de cinema e teatro, escritor e poeta. Ao dar a primeira garfada, ele exclamou: "Chista è 'na vera Norma!" (Esta é uma verdadeira Norma!). Acabou batizando a receita. Portanto, o autor da *Norma* – e agora nos referimos à ópera – nunca a saboreou.

Bellini mudou para Paris em 1833. Morreu ali dois anos depois. Chegou a ser visto em grandes restaurantes, a começar pelo Café Anglais. Atormentado por "uma febre inflamatória, gástrica e biliosa" que os médicos não conseguiram curar, foi acolhido por um casal de amigos numa luxuosa casa de campo de ambos, em Puteaux, perto de Paris, onde permaneceu todo o verão de 1835. No fim da estação, quis ir a Paris para assistir à apresentação de *I Puritani*, sua última ópera. Faltaram-lhe forças. Em poucos dias o compositor estava morto. Nas vésperas, um certo Samuel Lewis e a mulher o deixaram sozinho na casa de campo. Os colegas de Bellini disseram que o compositor era amante da dona da casa e levantaram a hipótese de ter sido envenenado pelo marido dela. A necropsia, porém, não confirmou a suspeita.

A cantora lírica Maria Callas foi uma das mais célebres intérpretes da ópera *Norma*, de Bellini.

WIKIMEDIA COMMONS

SPAGHETTI ALLA NORMA

RENDE 4 PORÇÕES

INGREDIENTES

- 320 g de spaghetti de grano duro n. 5
- 1 berinjela de 500 g fresca (deve ser inchada e dura ao tato)
- 50 g de farinha de trigo
- 1 litro de óleo de girassol (para a fritura)
- 30 ml de azeite extravirgem de oliva
- 1 dente de alho com a pele
- 300 g de tomates pelados
- 100 g de ricotta seca e salgada
- 1 fio de azeite extravirgem de oliva para regar a ricotta
- Sal e pimenta-do-reino moída na hora a gosto
- Sal grosso (para a água da massa)

PREPARO

1. Lave a berinjela e corte-a, com a casca, em cubos de 2 cm. Polvilhe sal, pimenta, farinha de trigo e frite-a, aos poucos, no óleo de girassol preaquecido a 160 °C, até ficarem bem douradas e secas.

2. Retire os cubos de berinjela com uma escumadeira, sacudindo para sair o excesso de óleo. Passe-os em seguida para uma assadeira revestida de papel absorvente, para terminarem de secar.

3. Em uma panela, leve ao fogo o azeite e o dente de alho (com a pele) levemente amassado com a lateral da faca. Deixe o azeite tomar o gosto do alho, retire-o e acrescente os tomates pelados. Cozinhe por cerca de 5 minutos ou até toda a água do molho ter evaporado. Reserve.

4. Leve uma panela com água ao fogo, calculando 2 litros de água para cada 100 g de massa e 10 g de sal grosso para cada litro de água. Quando ferver, adicione sal, junte a massa e escorra-a al dente. Passe-a para a panela com o molho e leve rapidamente ao fogo. Misture as berinjelas e sirva com a ricotta regada com o azeite.

TRENETTE AL PESTO GENOVESE

Capital da região italiana da Ligúria, Gênova se tornou famosa mundialmente pelo seu porto comercial, palácios, igrejas, praças, museus e um cemitério tão grande que foi necessário dotá-lo de um sistema de ônibus interno. Também é lembrada por ser a terra natal do navegador Cristóvão Colombo, descobridor oficial da América, embora alguns historiadores sustentem que ele nasceu em Savona, 65 quilômetros a oeste. Entretanto, para celebrizá-la internacionalmente, bastaria a invenção do pesto genovese (genovês, em português), um molho frio que virou símbolo de Gênova e de toda a região da Ligúria.

Verde e cremoso, de aroma penetrante e sabor incisivo, preparado com folhas de manjericão, alho, pinoli (sementes de pinheiro), queijos parmesão (ou grana padano) e pecorino, azeite extravirgem e sal, pisados em almofariz de mármore, tem ampla destinação. Tempera o trenette, versão regional do spaghetti, da lasagna, do gnocchi de batata e o minestrone local. A fórmula comporta ligeiras variações, porque cada genovês guarda um segredo ao prepará-la. A *Grande Enciclopedia Illustrata Della Gastronomia* distingue dois tipos de pesto: o "di Ponente", mais simples e forte, e o "di Levante", com menos alho. O pesto é um molho de significados pictóricos. O verde que o colore simboliza a força criadora da terra, a abundância e a fertilidade, a renovação e a prosperidade.

O segredo do pesto genovese reside na qualidade dos ingredientes. O manjericão deve ser da região. A mesma origem se aconselha ao azeite, embora alguns prefiram o da Toscana. O parmesão vem da Emília-Romanha, a terra natal desse queijo. Já o pecorino e os pinoli procedem da Toscana. Quando feito em casa, o molho dura pouco tempo na geladeira, pois o sabor se altera. O mesmo acontece com o produto industrializado, depois de aberta a embalagem.

O molho à base de manjericão era o favorito de Frank Sinatra, que o mandava trazer de avião de Gênova.

A alma do pesto genovese é o manjericão lígure, ou *Ocimum basilicum*, oriundo, como as demais variedades dessa planta aromática e saborosa, das regiões tropicais da Ásia e da África, espalhada há muito tempo pela bacia do Mediterrâneo. O mais reputado se cultiva em Pra, na periferia de Gênova, sede do Parco del Basilico. O clima adequado e o solo ideal conferem-lhe perfume elegante e gosto persistente. Segundo os habitantes locais, o manjericão cultivado em outros lugares apresenta "aromas desaconselháveis", como, por exemplo, o de menta.

Faz-se pesto em quase todo o planeta, inclusive no Brasil, mas nenhum se compara ao original. O cantor americano Frank Sinatra comprovou a evidência. Já era seu molho favorito quando o provou no restaurante genovês Zeffirino. Regressando aos Estados Unidos, sempre que precisava impressionar os convidados em sua casa mandava buscá-lo na Itália, naturalmente de avião. Orgulhosos do manjericão local, os genoveses costumam plantá-los nas sacadas das casas, sem ligar para a maledicência das populações vizinhas. Afinal, os lígures, fundadores da cidade, já o penduravam em vasos diante de sua residência para afugentar bruxas e maus-olhados, assim como as mulheres de virtudes controvertidas adotavam a mesma prática, para ser confundidas com pacatas cozinheiras.

No verão, os genoveses colhem o manjericão 17 ou 18 dias após a semeadura; no inverno, isso acontece um mês depois. A altura da planta vai de 20 a 40 centímetros, embora em alguns casos alcance entre 60 e 70 centímetros.

Uma lenda diz que a planta é oriunda do mesmo local da crucificação de Jesus, em Jerusalém. A imperatriz Helena, mãe do imperador romano Constantino (272-

-337), a teria conhecido ali e a levado para Roma. A italiana Catarina de Médici (1519-1589) a levou para a França quando casou com o então futuro rei daquele país, Henrique II. Aparentemente, já se destinava ao preparo do pesto e teria dado origem ao pistou, molho típico da Provença, embora muitos estudiosos da região discutam sua ascendência.

São receitas aparentadas, porém diferenciadas. Ao contrário da italiana, a preparação francesa, essencial na soupe au pistou, não recomenda usar pinoli, e o queijo parmesão é facultativo.

Na Idade Média, diz uma lenda, talvez por uma confusão semântica, o manjericão, que os italianos conhecem por basilico, era considerado o antídoto do basilisco, serpente ou lagarto fabuloso saído do ovo de galinha chocado por um sapo e capaz de matar com o olhar. Ao mesmo tempo, recebia indicações terapêuticas. Utilizado em infusão, combatia tosse, indigestão e náusea. Inalado, minimizava problemas respiratórios e, supostamente, o cansaço mental. Massageado no corpo, seu óleo aliviava dores musculares.

Recentemente, investigações realizadas na prestigiosa King's College, da Universidade de Londres, fundada em 1829, na qual seis pesquisadores já receberam o Prêmio Nobel, constataram o efeito do manjericão no tratamento da asma, da úlcera péptica e da colite. Entretanto, é na gastronomia, enriquecendo saladas, massas, molhos de tomate, carnes, ovos e aves, conferindo sabor particular a vinagres e azeites e permitindo a elaboração do pesto genovês, que ele merece a consagração suprema.

TRENETTE AL PESTO GENOVESE

RENDE 4 PORÇÕES

INGREDIENTES

- 400 g de trenette de grano duro
- 100 g de folhas grandes de manjericão (basilicão)
- 1 colher (sopa) de pinoli
- 2 colheres (sopa) de queijo parmesão ou grana padano ralado
- 2 colheres (sopa) de queijo pecorino ralado
- 1 dente de alho
- 8 colheres (sopa) de azeite extravirgem de oliva
- 1 colher (café) de sal grosso (para o pesto)
- Sal grosso (para a água da massa)
- Folhas de manjericão e pinoli (para a decoração)

PREPARO

1. Em um pilão de pedra ou madeira, junte as folhas de manjericão, os pinoli, os queijos ralados, o alho (que deverá ser branqueado em água fervendo por 1 minuto para perder sua força excessiva) e o sal grosso.

2. Soque esses ingredientes no pilão, grosseiramente, até obter uma pasta densa e homogênea. Nesse momento, acrescente o azeite e misture. Deixe descansar por 30 minutos em lugar fresco, para o azeite ficar impregnado com os aromas do pesto.

3. Leve ao fogo uma panela com água (a proporção ideal é 2 litros de água para cada 100 g de massa e 10 g de sal grosso para cada litro de água). Assim que a água ferver, coloque o sal grosso e em seguida a massa. Escorra-a al dente e passe-a para uma tigela de louça, cerâmica ou vidro. Reserve um pouquinho da água do cozimento para misturá-la ao pesto, caso fique muito denso.

4. Espalhe o pesto sobre a massa, com a ajuda de um garfo e de uma colher, para que os ingredientes fiquem bem incorporados. Esse processo deve ser feito rapidamente, e a massa servida em seguida, com os ingredientes da decoração. O pesto não pode ser aquecido em nenhum momento, pois oxidará, escurecendo e mudando o sabor.

SPAGHETTI ALLA CARBONARA

Os romanos brincam com a suposta falta de cultura humanística dos americanos. Contam que na primeira semana de junho de 1944, após invadir a capital da Itália e libertá-la da dominação nazista, o então tenente-general Mark Clark (1896-1984), comandante do 5º Exército dos Estados Unidos e das Tropas Aliadas na Segunda Guerra Mundial, quis conhecer os monumentos da cidade. Chamou um dos seus oficiais, que havia morado em Roma, e pediu que o acompanhasse em um giro pelos monumentos históricos locais. Quando o jeep no qual andavam parou diante das ruínas do Coliseu, Mark Clark teria exclamado: "Que belo trabalho fizeram aqui os nossos rapazes!".

A história vale só como piada, pois carece de consistência. Mark Clark, sob cujas ordens a Força Expedicionária Brasileira (FEB) combateu na Itália como reforço da 27ª Divisão de Infantaria do 5º Exército dos Estados Unidos, era um sulista culto, nascido em família aristocrática. Além do mais, Roma foi ocupada em luta, pois o 10º Exército alemão tinha se deslocado para o norte havia dias. Anteriormente, a cidade havia sido bombardeada raras vezes – e cirurgicamente –, até o militar e político italiano Pietro Badoglio (1871-1956) assumir a chefia do governo provisório do seu país e negociar e assinar a paz com os Aliados, através do Armistício de 8 de setembro de 1943.

Os romanos também brincam com o gosto dos americanos à mesa, sobretudo o hábito de colocar ketchup na pizza. Em compensação, os rapazes de Mark Clark podem ter enriquecido a culinária da Itália ajudando a criar o molho alla carbonara, hoje conhecido em todo o mundo, usado em massas como spaghetti, vermicelli, bucatini e penne. Esse molho leva pancetta (barriga de porco curada, não defumada) frita na banha ou no azeite, misturada com ovos batidos, pecorino (queijo de ovelha) e grana padano, ambos ralados, além de pimenta-do-reino.

A versão predominante sustenta que a receita surgiu casualmente no fim da Segunda Guerra Mundial. Quando os americanos entraram em Roma, a cidade estava na penúria. Só a tropa de Mark Clark dispunha de alimentos. Combinando ingredientes da ração dos

Tropas americanas ocupando Roma em 1944: os ingredientes da ração dos militares teria dado origem ao molho da massa.

AP (ASSOCIATED PRESS)

militares estrangeiros, um cozinheiro local criou o prato. Sustenta-se que isso aconteceu em uma trattoria do Centro Histórico cujo nome se perdeu. Os militares entraram ali levando ovos, bacon e noodles e pediram ao cozinheiro que os preparasse separadamente. Quando a comida chegou à mesa, estava tudo misturado sobre uma massa. Há ainda a ficção de que, na falta de panela, era elaborado no capacete dos militares.

Alguns autores italianos discordam da versão. Afirmam que os rapazes de Mark Clark não inventaram nada. O prato seria uma evolução da antiga "pasta" cacio (queijo de ovelha ou cabra) e ova (ovo), originária da região do Lazio, onde se encontra Roma, ou de outra receita, da vizinha Abruzzo, que os carbinai (carvoeiros, os produtores de carvão vegetal, daí o nome) preparavam na véspera e levavam fria na marmita. Durante a ocupação de Roma pelos alemães, muitas famílias da cidade foram para as montanhas de Abruzzo, nas quais teriam conhecido a receita de cacio e ova. Outra explicação para o nome alla carbonara: o hábito de acrescentar pimenta-do-reino moída, que lembra o carvão em pó.

Segundo a *Grande Enciclopedia Illustrata Della Gastronomia*, "os traços deste prato na cozinha romana, antes do final da Segunda Guerra Mundial, são vagos ou inexistentes e se limitam a alguns testemunhos orais, recolhidos porém em tempos recentes". Mesmo assim, os fundamentalistas insistem na sua antiguidade, atribuindo a invenção a Ippolito Cavalcanti (1787-1859), cozinheiro e literato napolitano. Ele teria publicado uma receita semelhante no tratado *Cucina Teorico-Pratica*, editado pela primeira vez em 1837 e acrescido, na edição de 1839, do apêndice *Cusina Casarinola co la Lengua Napolitana*.

Há também quem a associe à Carboneria, sociedade secreta e política da Itália do século XIX, com um complicado simbolismo ritual, espalhada por numerosos países europeus. Entre seus iniciados figuraram líderes do movimento reunificador da Itália. Não há provas, porém, de que preparassem a receita. O diretor de cinema Luigi Magni (1928-2013) aumentou a confusão no filme *La Carbonara*. Ambientou-o na velha Roma papal, colocando em cena a Corboneria e uma mulher que administra uma trattoria renomada pelo preparo do prato. Entretanto, até agora, a explicação mais convincente envolve os rapazes de Mark Clark.

Nino Manfredi em uma cena de *La Carbonara*, de Luigi Magni: o filme aumentou a confusão em torno da receita.

SPAGHETTI ALLA CARBONARA

RENDE 4 PORÇÕES

INGREDIENTES

- 320 g de spaghetti de grano duro n. 5
- 150 g de pancetta
- 20 ml de azeite extravirgem de oliva
- 150 g de queijo pecorino
- 70 g de queijo grana padano
- 8 ovos caipiras fresquíssimos
- Pimenta-do-reino moída na hora a gosto
- Sal grosso (para a água da massa)
- Grãos de pimenta-do-reino (para a decoração)

PREPARO

1. Corte a pancetta em cubos de 1/2 cm e doure-os no azeite, cuidando para não secarem. Apague o fogo e reserve.

2. Rale os queijos e coloque-os em uma tigela funda. Adicione 4 gemas, 4 ovos inteiros e uma generosa quantidade de pimenta-do-reino. Misture tudo até obter um molho cremoso e liso.

3. Leve ao fogo uma panela com água (a proporção ideal é 2 litros de água para cada 100 g de massa e 10 g de sal grosso para cada litro de água). Assim que a água ferver, coloque o sal e em seguida a massa. Escorra-a após 11 minutos, reservando uma xícara da água do cozimento.

4. Despeje a massa (com a água reservada) na frigideira, com a pancetta, leve ao fogo e misture até a água evaporar completamente.

5. Retire a frigideira do fogo e coloque sobre a massa o molho de queijo e ovos, misturando para que o creme fique bem incorporado à massa. A ação deve ser rápida, para evitar que os ovos cozinhem. Não é necessário colocar sal.

6. Se desejar, polvilhe mais um pouco de pimenta-do-reino, decore com os grãos de pimenta e sirva imediatamente.

FETTUCCINE ALLA PAPALINA

Primeiro papa nascido na capital da Itália em 200 anos, Pio XII foi eleito em 1939 e reinou até morrer, em 1958. Passou a vida na Cúria Romana, portanto junto à cidade natal, e nas nunciaturas de Munique e Berlim. Pesam sobre ele acusações de certa passividade diante do nazismo e do Holocausto, na Segunda Guerra Mundial. Entretanto, para os católicos, foi um papa de exacerbada espiritualidade. Em 1950, proclamou o dogma da Assunção de Maria aos Céus, em corpo e alma, na constituição apostólica *Munificentissimus Deus* (O mais generoso Deus). Além disso, condenou o ateísmo comunista.

Difícil imaginar que um papa com esse perfil fosse um gourmet. E não era. Alto e magro, Pio XII comia frugalmente e sozinho, acompanhado apenas por um canário amestrado. Deixava o passarinho sair da gaiola, voar livremente pela sala e pousar no seu dedo indicador. Voltava à gaiola apenas quando cansava da liberdade. O papa evitava convidados à mesa, fossem prelados estrangeiros, da Cúria ou secretários. Alimentava-se de legumes e verduras, queijo e frutas, um pouco de massa e duas fatias finas de carne cozida ou grelhada. Suas refeições eram habitualmente preparadas pela madre Pascoalina, a fiel escudeira.

"Não há referências de importantes banquetes durante seu pontificado", diz Eva Celada, no livro *Os Segredos da Cozinha do Vaticano* (São Paulo: Planeta, 2007). Os conterrâneos de Pio XII, porém, afirmam que ele tinha dois fracos: fettuccine alla papalina e folhado doce de maçã, sobremesa de origem austríaca mais conhecida por apfelstrudel. Dizem que a receita do fettuccine nasceu a pedido dele, entre os anos 1937 e 1939, no restaurante La Cisterna, um dos mais antigos de Roma, que funciona na Via Della Cisterna, 13, bairro do Trastevere. Pio XII ainda era cardeal e se chamava Eugenio Maria Giuseppe Giovanni Pacelli.

O cliente ilustre solicitou fettuccine (massa de fio longo e chato, medindo aproximadamente 1 centímetro de largura), cujo molho respeitasse a tradição romana, mas não fosse pesado demais. Trouxeram-lhe uma derivação do spaghetti alla carbonara, cuja receita, paradoxalmente, ainda não tinha sido inventada. (E ainda dizem que não existem milagres...)

Era um fettuccine com molho à base de presunto cru refogado na manteiga com cebola picada, em vez da habitual pancetta dos romanos (toucinho da barriga do porco, não defumado, curtido no sal e tempero) frita na banha ou azeite; tinha o fortíssimo pecorino, muito usado na capital italiana, substituído pelo parmigiano reggiano, misturado com ovos batidos e creme de leite. Mais tarde, acrescentou-se ervilhas frescas ou congeladas, para melhorar a aparência do prato.

Até hoje o La Cisterna se mantém discreto em relação ao prato e ao papa. O site do restaurante informa que o cardápio tem sempre fettuccine alla papalina, mas não relaciona Pio XII entre seus clientes históricos. Talvez faça isso em memória da discrição do pontífice. Depois de eleito, ele nunca mais apareceu ali. Em compensação, afirma-se que continuou a encomendar comida para dias especiais: o Natal, por exemplo.

O La Cisterna é um dos restaurantes mais antigos do mundo. Funciona pelo menos desde 1630. Foi frequentado por grandes personalidades da política, da cultura e das artes, como os príncipes Rainier e Grace Kelly, de Mônaco, Faruk I, o último rei do Egito, Pablo Picasso, Joan Miró, Giorgio de Chirico, Ilya Ehrenburg, Trilussa, Walt Disney, Gary Cooper, Rita Hayworth, Vincent Minelli, Tito Schipa, Aldo Fabrizi e Mario Del Monaco. A maioria deles pediu fettuccine alla papalina, é claro.

FETTUCCINE ALLA PAPALINA

RENDE 4 PORÇÕES

INGREDIENTES

- 400 g de fettuccine all'uovo
- 1 cebola roxa pequena
- 30 g de manteiga sem sal
- 2 colheres (sopa) de azeite de oliva extravirgem
- 100 g de ervilhas frescas
- 50 g de presunto cozido
- 100 ml de creme de leite fresco
- 50 g de queijo parmesão
- Sal a gosto
- Sal grosso (para a água da massa)
- Pimenta-do-reino (para a decoração)

PREPARO

1. Em uma frigideira grande, refogue a cebola (bem picada) na manteiga com o azeite, até dourar, cuidando para não escurecer. Acrescente as ervilhas e o presunto cortado em tirinhas e refogue por 3 minutos, para o presunto dourar, sem ficar ressecado.

2. Acrescente o creme de leite, continue o cozimento por 1 minuto, em fogo muito baixo, e desligue. Tempere com sal e deixe o molho descansar por 30 minutos.

3. Coloque uma panela com água para ferver, calculando 2 litros de água para cada 100 g de massa e 10 g de sal grosso para cada litro de água.

4. Assim que ferver, adicione sal, junte a massa, escorra-a al dente e misture-a no fogo com o molho por 1 minuto. Se o molho estiver muito denso, junte um pouquinho da água do cozimento. Polvilhe com parmesão, decore com pimenta-do-reino e sirva.

TONNARELLI CACIO E PEPE

Ninguém poderá dizer que conhece a cozinha de Roma se não provou um dos pratos mais característicos da sua tradição: tonnarelli (um spaghetti mais grosso) cacio (queijo) e pepe (pimenta). Trata-se de uma receita simples, à base de massa, a água do seu cozimento, pecorino romano e pimenta-do-reino ou pimenta-preta. O preparo, entretanto, requer alguns cuidados. Rala-se o pecorino, nem muito fresco nem muito curado, dentro de um bowl (tigela redonda) de metal, vidro ou louça. Cozinha-se o spaghetti em água abundante, pouco salgada, deixando-o al dente. Reserva-se por uns instantes. Despeja-se um pouco da água do cozimento sobre o pecorino, mexendo para formar um molho cremoso. A temperatura deve ser média. Alta demais, o queijo fica puxa-puxa. Introduz-se a massa no bowl, fazendo-a incorporar o molho. Adiciona-se um pouco mais de pecorino e, necessariamente, pimenta-do-reino moída na hora, a gosto. Serve-se em pratos individuais.

Tanto quanto se sabe, é um dos mais antigos molhos de massa, justamente porque combina queijo e pimenta-do-reino. Teria ascendência árabe. Esse povo, vindo do sul da Ásia, levou a massa para o sul da Itália no século IX, quando o invadiu. Quanto à pimenta-do-reino, existe desde tempos imemoriais. Na Idade Média, os mercadores árabes a transportavam do Oriente para o Ocidente, onde os genoveses e venezianos a distribuíam. Curiosidade: o molho de tomate só teve aceitação ampla na Itália a partir do século XVIII.

O tonnarelli cacio e pepe surgiu entre os pastores do Lazio, onde fica Roma, e se espalhou no centro e sul da Península Itálica, sobretudo nas regiões de Abruzzo e Úmbria. Durante a transumância, a migração dos rebanhos para a montanha, para onde os animais eram conduzidos a fim de escapar do calor da planície, os pastores carregavam os ingredientes necessários ao preparo da receita. Escolhiam os que se conservavam mais tempo, além de serem apetitosos e nutritivos: a massa seca, o

Ilustração do livro *Il Milione*, que Marco Polo ditou a Rustichello da Pisa: o aventureiro veneziano observa a colheita da pimenta perto da Costa de Malabar, na Índia.

REPRODUÇÃO

pecorino e a pimenta-do-reino; também carregavam lardo (toicinho) e guancia del maiale (bochecha do porco, obviamente curada), que serviam para outras elaborações.

Entre os séculos XVIII e XIX, os italianos do centro e sul dispunham de diferentes molhos de massa assemelhados com cacio e pepe. Johann Wolfgang von Goethe (1749-1832), uma das mais importantes figuras da literatura alemã e do Romantismo europeu, testemunhou isso. No livro *Viaggio in Italia*, falando da cozinha de Nápoles, ele escreveu: "Prepara-se (aqui) os macarrões simplesmente na água e se rala em cima queijo, que serve ao mesmo tempo de gordura e condimento".

Os romanos preferem cacio e pepe sobre tonnarelli, spaghetti ou rigatoni. Às vezes incorporam alcachofra ao molho. Mas consideram herético o acréscimo de manteiga, azeite ou creme de leite, como propõem alguns cozinheiros heterodoxos. A receita autêntica virou atração turística dos bairros populares da capital italiana, principalmente do Testaccio, cujas ruas estão repletas de pequenos e médios restaurantes de comidas simples e boa que não estão nem aí para as novas tendências culinárias. O mais famoso molho cacio e pepe é encontrado na trattoria Felice a Testaccio. A casa foi aberta em 1936, por Felice Trivelloni, o Felì, sendo ainda hoje administrada pela sua família. O jornal americano *The New York Times* recomendou o prato em um roteiro gastronômico.

Entre os seus fãs mais apaixonados se encontra o ator e diretor de cinema e televisão italiano Roberto Benigni, conhecido internacionalmente pela tragicomédia *La Vita È Bella*, a respeito de um homem que tenta proteger o filho durante seu internamento em um campo de concentração nazista fingindo que aquele horror não era verdade. Ele sempre frequentou a trattoria. Quando ainda não era famoso, Benigni escreveu: "Felice é um homem honesto, bravo, justo e, quando morrer (a todos acontece), estará no paraíso [...]. Cristo o acolherá com grande gosto. Ele o abraçará com água na boca e dirá: 'Vai Felì, faça cacio e pepe'!".

Goethe retratado pelo pintor alemão Joseph Karl Stieler (1828): testemunho literário da simplicidade do molho.

TONNARELLI CACIO E PEPE

RENDE 4 PORÇÕES

INGREDIENTES

- 500 g de tonnarelli (spaghetti de calibre mais grosso)
- 200 g de queijo pecorino romano ralado na hora
- Bastante pimenta-preta-do-reino ralada grosseiramente
- Sal grosso (para a água da massa)
- Grãos de pimenta-preta-do-reino (para a decoração)

PREPARO

1. Em uma tigela de preferência de barro, coloque o queijo ralado e em cima moa pimenta-do-reino abundante ou no limite de seu gosto. Reserve.

2. Leve uma panela com água ao fogo, calculando 2 litros de água para cada 100 g de massa e 10 g de sal grosso para cada litro de água. Assim que ferver, junte sal e coloque a massa para cozinhar. Misture um pouco da água (quente) do cozimento na tigela com o queijo e a pimenta-do-reino, até obter um creme de consistência firme.

3. Escorra a massa al dente, coloque-a na tigela, sobre o creme de queijo com pimenta e vá misturando delicadamente com uma pinça ou um garfo grande até o creme derreter e fundir-se à massa de forma homogênea. É imprescindível que o molho fique preso à massa, sem escorrer no prato.

4. Decore com os grãos de pimenta e sirva imediatamente.

FETTUCCINE ALL'ALFREDO

Os romanos dizem que o fettuccine all'Alfredo – prato de massa de fio longo, coberto por um molho à base de manteiga e queijo parmesão – foi criado na capital da Itália em 1908. Contam uma história edificante. Depois de dar à luz o primeiro filho, sua conterrânea Inês, casada com o cozinheiro e restaurateur Alfredo Di Lelio, o Alfredo I, ficou inapetente e abatida.

Temendo pela saúde da mulher, o marido foi à cozinha e voltou com uma massa (os italianos falam pasta) coberta por um creme sedutor. Antes de entregá-la à enferma, Alfredo I fez uma oração a Santa Ana, padroeira das parturientes. Então, provocou Inês: "Se não te agrada, diga-me imediatamente, porque como eu". Ela não só saboreou a massa com prazer como sugeriu a Alfredo I colocar o fettuccine no cardápio da sua trattoria.

Há quem diga que ele não inventou nada. Teria apenas adaptado uma antiga receita romana. Entretanto, a *Grande Enciclopedia Illustrata Della Gastronomia*, apesar de chamar a massa de fettuccine al triplo burro, não dá razão aos invejosos. Também ressalta a contribuição dos atores americanos Douglas Fairbanks e Mary Pickford para o sucesso do fettuccine all'Alfredo (há quem prefira fettuccine Alfredo). Eles o saborearam quando foram a Roma em viagem de núpcias. Gostaram tanto que ofereceram ao pai do prato um garfo e uma colher em ouro maciço, nos quais mandaram gravar a inscrição: "To Alfredo the king of the noodles".

A imprensa divulgou a homenagem preciosa, e outros personagens do mundo do cinema, da literatura, da política e do esporte foram aparecendo para provar a receita. Os frequentadores da Dolce Vita romana, retratada por Federico Fellini no filme homônimo, apaixonaram-se por ela. Na porta do restaurante, fundado em 1907, que até hoje se chama Alfredo alla Scrofa e permanece na Via Della Scrofa, 104, em Roma, amontoavam-se paparazzi à caça de celebridades. A lista dos seduzidos pelo fettuccine é infindável: Gary Cooper, Audrey Hepburn, Marilyn Monroe, Gregory Peck, Clark Gable,

O cozinheiro Alfredo Di Lelio e o seu restaurante Alfredo alla Scrofa em 1907: um macarrão famoso com o qual recuperou a saúde da mulher.

REPRODUÇÃO

Marlon Brando, Frank Sinatra, Maria Callas, Alfred Hitchcock, Burt Lancaster, Elizabeth Taylor, Sofia Loren, John Waine, Gabriele D'Annunzio, Benito Mussolini, Franklin Delano Roosevelt, Harry Truman, Dwight D. Eisenhower e aí por diante.

Abalado com os acontecimentos da Segunda Guerra Mundial e enfrentando problemas financeiros, Alfredo I vendeu seu restaurante por 100 mil liras em 1943. Foram juntos o cardápio e seu célebre fettuccine. Em 1950, porém, Alfredo I decidiu voltar à ativa e abriu um novo restaurante na Piazza Augusto Imperatore, 30, em Roma. Até hoje funciona ali com sucesso, sobretudo entre os turistas, e tendo clones autorizados pelo mundo, um deles em Salvador, Bahia. Acabou instituindo uma dinastia. Quem toca atualmente os negócios da família é seu neto Alfredo III.

Para distinguir a casa atual da primitiva, que continua no endereço original, os Di Lelio a batizaram de Ristorante Il Vero Alfredo. Mas a clientela se divide quanto à cozinha que melhor prepara a receita emblemática, chamada no cardápio da Piazza Augusto Imperatore de maestosissime (majestosíssimos) fettuccine all'Alfredo. Claro, são tecnicamente iguais. Entretanto, quem prefere o endereço antigo se ampara na distinção que lhe proporcionou Sinclair Lewis (1885-1951) no livro *Babbitt*, lançado em 1922.

O escritor americano, fazendo caricatura satírica da burguesia americana, refere-se ao berço do fettuccine em um diálogo, durante um jantar, entre George Babbitt e a mulher de seu convidado, Lucille McKelvey. Puxando conversa, o anfitrião pergunta se ela irá a Roma para visitar museus e ouvir música. A mulher responde, em tom esnobe: "No, what I really go for is: there's a little trattoria on the Via Della Scrofa where you get the best fettuccine in the world" ("Não, o verdadeiro motivo é que tem uma pequena trattoria na Via Della Scrofa onde se encontra o melhor fettuccine do mundo").

O divertido humor dos romanos apelidou o fettuccini all'Alfredo de "la pasta dei cornuti", porque pode ser preparado rapidamente pela mulher que acabou de despachar o amante pela janela e precisa receber o marido com um bom prato de comida.

Os astros hollywoodianos Douglas Fairbanks e Mary Pickford ajudaram a difundir o fettuccine all'Alfredo.

WIKIMEDIA COMMONS

FETTUCCINE ALL'ALFREDO

O NOME DA MASSA

Fettuccine ou tagliatelle é uma massa de fio longo, com cerca de 1 centímetro de largura e 2 milímetros de espessura. O nome varia na Itália. No Lazio, onde se localiza Roma, há fettuccine com manteiga e parmesão e também com ervilhas e ovos. Na Emília-Romanha, faz-se tagliatelle com presunto cru cortado em fatias; em Abruzzo, incorpora lardo diguancia (toucinho curado, mas não defumado, da bochecha do porco).
Os fundamentalistas veem diferenças entre fettuccine e tagliatelle. Dizem que apresentam diferenças na largura e na espessura. Entretanto, a *Grande Enciclopedia Illustrata Della Gastronomia* não lhes dá razão. Fettuccine é denominação usada na Itália central e meridional, enquanto na parte setentrional a população prefere tagliatelle. São ainda palavras femininas e plurais, porém empregadas no singular quando nos referimos ao prato. É um formato de massa que segura bem o molho, pois tem boa superfície. Roma se orgulha de preparar receitas com fettuccine, e a mais célebre é o all'Alfredo. Seu prestígio se compara ao de certas massas e molhos, como bucatini all'amatriciana e spaghetti alla carbonara.

RENDE 4 PORÇÕES

INGREDIENTES

- 500 g de fettuccine de massa fresca
- 320 g de queijo parmesão (ralado na hora)
- 60 g de manteiga sem sal
- Sal grosso (para a água da massa)

PREPARO

1. Leve ao fogo uma panela com água (a proporção ideal é 2 litros de água para cada 100 g de massa e 10 g de sal grosso para cada litro de água).

2. Enquanto a água está no fogo, junte o queijo ralado em uma tigela de louça ou cerâmica com metade (30 g) da manteiga. Reserve.

3. Quando a água ferver, coloque o sal e em seguida a massa para cozinhar. Misture um pouco da água do cozimento na tigela, junto com o queijo e a manteiga, até obter um molho com a consistência de um mingau bem grosso.

4. Escorra a massa assim que estiver no ponto, passe-a para uma frigideira e leve-a ao fogo com a outra metade da manteiga e ainda uma concha da água do cozimento. Misture até secar o excesso de água e despeje a massa quente na tigela com o creme de queijo, em temperatura ambiente. Misture mais um pouco, de baixo para cima, para o molho ficar totalmente incorporado à massa. Sirva em seguida.

RIGATONI CON LA PAJATA

Os turistas que visitam Roma, a capital da Itália, se encantam com a excelência de seus pratos tradicionais à base de massa ou carne, e também com os carciofi alla giudia (alcachofras à moda dos judeus) e as fiori di zucca farciti (flores de abóbora recheadas), entre outros. Fascinam-se, por exemplo, com o spaghetti alla carbonara, a massa de fios longos cujo molho leva pancetta, azeitonas, azeite, ovos, queijo, panna (creme de leite) e temperos, e também com o saltimbocca alla romana, os escalopinhos de vitelo com lâminas de presunto cru espetadas na carne, temperados com sálvia e vinho branco.

Mas nem sempre os turistas têm acesso às joias culinárias locais mais genuínas, deixando de conhecer pratos muitas vezes rústicos, com ingredientes desprezados por outras cozinhas, porém dotados de alta qualidade gastronômica. Desse modo, passam ao largo de especialidades como a pajata (dialeto romanesco), paiata ou pagliata, nome dado à primeira parte do intestino delgado do vitelo ou do boi. É iguaria que figura no cardápio de restaurantes antigos, instalados sobretudo no bairro do Testaccio, entre o Aventino e a pirâmide de Caio Cestio.

Os cozinheiros preparam pajata assada ou ensopada, para acompanhar arroz ou ser molho de rigatoni, aqueles tubinhos largos de massa seca que, quando muito grandes, denominam-se paccheri. Fora do Lazio, a região onde se encontra a capital italiana, dificilmente é consumida. O falecido comilão e ator italiano Aldo Fabrizi pronunciou sobre a pajata uma frase histórica: "É o ingrediente fundamental dos pratos mais representativos da verdadeira cozinha romana e, em particular, do Testaccio".

As primeiras receitas utilizavam apenas o intestino delgado do vitelo ou do boi. Mas, com o tempo, os cozinheiros incorporaram o do cordeiro e o do cabrito.

Fontana di Trevi: a capital italiana é berço de arquitetura monumental e comida simples, porém deliciosa.

LUCIANO MORTULA/SHUTTERSTOCK.COM

Acredita-se que a valorização da pajata se tenha iniciado no Império Romano, provavelmente no século III a.C., quando entraram em moda as receitas de elaboração trabalhosa, executadas por cozinheiros contratados ou escravos especialmente treinados. A preparação da pajata é demorada.

Com uma faquinha especial, retira-se delicadamente a pele que a recobre e divide-se a longa peça em porções com 20 a 30 centímetros de comprimento, com o cuidado de amarrar as extremidades para manter a sostanza chimosa, como dizem os romanos, responsável pelo seu sabor particular. Entretanto, a receita de rigatoni con la pajata é invenção mais nova. Foi o prato de sustentação dos scortichini (tiradores de couro, esfoladores), os empregados do Mattatoio (Matadouro) di Testaccio, projetado em 1888 pelo arquiteto Gioacchino Ersoch, seguindo as recomendações sanitárias da época. O bairro já era centro de abate de animais e fornecimento de carne. Desativado em 1975, o Mattatoio estava cercado por residências de operários.

No fim de cada jornada, os scortichini recebiam, com a remuneração irrisória, um grande saco contendo o "quinto quarto" do bovino, ou seja, as sobras do animal que não tinham valor comercial, apesar de comestíveis: tripas, rins, coração, fígado, baço, pâncreas, timo, miolo, língua, espinhaço e rabo. Uma parte levavam para casa; a outra vendiam às osterie (tabernas) da vizinhança. Assim surgiu não só a receita de rigatoni con la pajata, como muitas outras representativas do rico acervo culinário romano.

Pelos ingredientes baratos e de alto valor nutritivo, o prato conquistou os scortichini e a população pobre da capital italiana e do Lazio, antes de ser descoberto pelos gastrônomos, que hoje o veneram. A combinação é perfeita. O molho entremeado por pedaços de pajata, delicado na textura e sublime no sabor, infiltra-se nos cilindros de massa e escorre na boca a cada mordida. Quem já o provou assina embaixo.

Mattatoio di Testaccio, onde trabalhavam os scortichini (esfoladores): a remuneração incluía as sobras dos animais que não tinham valor comercial.

G. ERSOCH ARCHITETTO

ROMA - STABILIMENTO DI MATTAZIONE

VEDUTA GENERALE PRESA DAL MONTE TESTACCIO

- B -

RIGATONI CON LA PAJATA

RENDE 4 PORÇÕES

INGREDIENTES

- 320 g de rigatoni de grano duro
- 1 kg de pajata (intestino delgado) de vitelo ou cordeiro. Para a boa escolha da pajata, é fundamental que o animal nunca tenha pastado
- 1 cenoura
- 2 talos de aipo
- 1 cebola
- 50 g de guanciale ou lardo
- 30 ml de azeite extravirgem de oliva
- 50 ml de vinho branco seco
- 500 g de tomates pelados
- 80 g de queijo pecorino ralado na hora
- Peperoncino picado ou pimenta-do-reino moída na hora a gosto
- Sal (para a pajata)
- Sal grosso (para a água da massa)
- Peperoncino (para a decoração)

PREPARO

1. Prepare a pajata, retirando fora, cuidadosamente, a membrana e eliminando os tecidos que a envolvem.

2. Prepare o battuto picando finamente com uma faca a cenoura, o aipo, a cebola e guanciale ou lardo.

3. Em uma panela de ferro fundido, barro ou pedra, refogue o battuto no azeite, até os legumes começarem a caramelizar. Nesse momento, acrescente a pajata e refogue-a até toda a água evaporar e ela começar a dourar. Molhe com o vinho branco seco, deixe evaporar e acrescente os tomates. Cozinhe por 2 horas, em fogo baixíssimo, molhando com água fervendo se for necessário.

4. No final do cozimento, tempere com um pouco de sal, pimenta-do-reino ou peperoncino picado. Cubra o molho e deixe o preparado descansar por no mínimo 2 horas.

5. Algumas receitas indicam para cortar a pajata com uma tesoura em segmentos de 10 cm e amarrar com barbante ou fio de costura formando pequenas rosquinhas. Eu evitaria tal prática, pela demora do processo.

6. Leve ao fogo uma panela com água (a proporção ideal é 2 litros de água para cada 100 g de massa e 10 g de sal grosso para cada litro de água).

7. Assim que ferver, coloque sal e cozinhe os rigatoni bem al dente. Escorra-os e misture-os com o molho por 1/2 minuto, em fogo brando. Polvilhe o queijo pecorino, decore com o peperoncino e sirva imediatamente.

8. Para a opção de montagem da foto, coloque os rigatoni em pé, amarre-os com talinhos de alho-poró e disponha o molho.

FETTUCCINE ALL'ALFREDO

Os romanos dizem que o fettuccine all'Alfredo – prato de massa de fio longo, coberto por um molho à base de manteiga e queijo parmesão – foi criado na capital da Itália em 1908. Contam uma história edificante. Depois de dar à luz o primeiro filho, sua conterrânea Inês, casada com o cozinheiro e restaurateur Alfredo Di Lelio, o Alfredo I, ficou inapetente e abatida.

Temendo pela saúde da mulher, o marido foi à cozinha e voltou com uma massa (os italianos falam pasta) coberta por um creme sedutor. Antes de entregá-la à enferma, Alfredo I fez uma oração a Santa Ana, padroeira das parturientes. Então, provocou Inês: "Se não te agrada, diga-me imediatamente, porque como eu". Ela não só saboreou a massa com prazer como sugeriu a Alfredo I colocar o fettuccine no cardápio da sua trattoria.

Há quem diga que ele não inventou nada. Teria apenas adaptado uma antiga receita romana. Entretanto, a *Grande Enciclopedia Illustrata Della Gastronomia*, apesar de chamar a massa de fettuccine al triplo burro, não dá razão aos invejosos. Também ressalta a contribuição dos atores americanos Douglas Fairbanks e Mary Pickford para o sucesso do fettuccine all'Alfredo (há quem prefira fettuccine Alfredo). Eles o saborearam quando foram a Roma em viagem de núpcias. Gostaram tanto que ofereceram ao pai do prato um garfo e uma colher em ouro maciço, nos quais mandaram gravar a inscrição: "To Alfredo the king of the noodles".

A imprensa divulgou a homenagem preciosa, e outros personagens do mundo do cinema, da literatura, da política e do esporte foram aparecendo para provar a receita. Os frequentadores da Dolce Vita romana, retratada por Federico Fellini no filme homônimo, apaixonaram-se por ela. Na porta do restaurante, fundado em 1907, que até hoje se chama Alfredo alla Scrofa e permanece na Via Della Scrofa, 104, em Roma, amontoavam-se paparazzi à caça de celebridades. A lista dos seduzidos pelo fettuccine é infindável: Gary Cooper, Audrey Hepburn, Marilyn Monroe, Gregory Peck, Clark Gable,

O cozinheiro Alfredo Di Lelio e o seu restaurante Alfredo alla Scrofa em 1907: um macarrão famoso com o qual recuperou a saúde da mulher.

BUCATINI ALL'AMATRICIANA

Afinal, fala-se molho all'amatriciana ou alla matriciana? As duas formas estão corretas. Razões históricas, porém, aconselham escolher a primeira. Segundo a *Grande Enciclopedia Illustrata Della Gastronomia*, o molho nasceu há séculos na cidadezinha de Amatrice, a 144 quilômetros de Roma, na época pertencente à região de Abruzzo, mas transferida para o Lazio em 1927, quando Benito Mussolini redesenhou a fronteira entre as duas regiões. Daí o seu nome.

Simples e rápido de fazer, o molho se originou entre os pastores de ovelha, numerosos na época. Amatrice já foi uma terra conhecida pelos excelentes cozinheiros. Na Renascença, eram convocados a trabalhar na corte pontifícia. Só que o molho não surgiu ali, mas no vizinho paese (povoado) de Griscianodi Accumoli. Também por conta do nome local, chamavam-no de griscia ou gricia. Até hoje, quando seguem a receita antiga, ou seja, sem usar tomate, importado da América posteriormente, muitos italianos o denominam assim. Originariamente, pequenos cubos de guanciale di Amatrice (bochecha do porco defumada na lenha por, no mínimo, 3 meses, com sal e pimenta-do-reino) eram fritos no azeite oriundo de oliveiras rústicas, cultivadas na região desde antes de Cristo; a seguir, recebiam um pouco de vinho branco e pimenta. O molho cobria a massa acrescido de pecorino di Amatrice (queijo de ovelha com sabor mais suave, curado de três a seis meses). O preparo não requeria cebola nem tomate, dois ingredientes adicionados posteriormente.

Mas foi Amatrice que se tornou famosa pelo molho. No início do século XIX, pressionados pela crise na economia rural, camponeses da região se transferiram para a cidade de Roma, onde usaram a fama de bons cozinheiros para conseguir emprego em restaurantes. Ao migrarem, levaram o molho. Na capital italiana, passou a ser chamado de matriciana (dialeto romanesco). A incorporação do tomate pode ter ocorrido nessa época. Também virou especialidade regional e, por isso, provocou controvérsia. Por que Roma, uma cidade tão rica em receitas próprias, assimilou um prato que sequer nasceu em sua região, o Lazio, mas em Abruzzo? "O molho amatriciana, ou matriciana, como também o denominam, é um saborosíssimo equívoco da cozinha romana", sentencia a *Grande Enciclopedia Illustrata Della Gastronomia*.

Muitos gastrônomos, como o milanês Luigi Veronelli (1926-2004), avalizaram essa convicção. Outros contrariaram. O ator Aldo Fabrizi (1905-1990), romano de nascimento, sustentava ser receita dos subúrbios da sua cidade. Dizia que o guanciale, indispensável no prato, era conhecido no passado por matrice. Portanto, o nome verdadeiro do molho seria alla matriciana e não all'amatriciana. Secondino Freda, um dos fundadores da Accademia Italiana dela Cucina, enriqueceu a versão.

A receita teria surgido um século e meio atrás, na periferia de Roma, nas mãos de um daqueles cozinheiros de Amatrice que, por saudade, deu-lhe o nome da terra natal. Os adeptos do primado romano, porém, não chegam a um acordo sobre o tomate. Fabrizi mandava usar o cilíndrico, sumarento e doce San Marzano, sem a pele e as sementes; Freda aconselhava o Casalino, cheio de gomos, aquoso e levemente acre. Além disso, alguns gastrônomos julgam fundamental a cebola, colocada no início da preparação, para fritar com o guanciale; outros a dispensam.

Existe ainda a questão da massa. Segundo a *Grande Enciclopedia Illustrata Della Gastronomia*, é rigorosamente obrigatório o uso dos bucatini (nome dado no Lazio aos spaghetti mais grossos, furados no meio) ou dos perciatelli (assemelhados aos bucatini, mas originários de Nápoles). E o que dizer dos spaghetti convencionais? "São apenas tolerados", explica a *Grande Enciclopedia*. Portanto, estão vetados outros formatos de massa. Penne, como aconselha o vistoso anúncio de uma conhecida massa *made in Brazil*, nem pensar.

BUCATINI ALL'AMATRICIANA

RENDE 4 PORÇÕES

INGREDIENTES

- 320 g de bucatini de grano duro
- 150 g de guanciale
- 20 ml de azeite extravirgem de oliva
- 500 g de tomates pelados
- 1/4 de colher (café) de peperoncino ou pimenta calabresa picado
- 80 g de queijo pecorino para polvilhar
- Sal a gosto (para o molho), se necessário
- Sal grosso (para a água da massa)
- Lâminas de queijo pecorino (para a decoração)

PREPARO

1. Corte o guanciale em cubos de 1/2 cm e refogue-o rapidamente no azeite, cuidando para que não resseque. Acrescente os tomates pelados e deixe cozinhar em fogo muito baixo, por 2 a 3 horas, acrescentando de tanto em tanto uma concha de água fervendo. No final do cozimento, tempere com a pimenta e ajuste o sal, se necessário. Deixe o molho descansar por 2 horas antes de usá-lo.

2. Leve ao fogo uma panela com água (a proporção ideal é 2 litros de água para cada 100 g de massa e 10 g de sal grosso para cada litro de água). Assim que a água ferver, coloque o sal e em seguida os bucatini. Escorra-os al dente e misture-os com o molho. Polvilhe com o queijo pecorino ralado e sirva decorado com lâminas do queijo.